Evelyn Schinckel

XXS-Gardening

Die Magie der Miniaturgärten

Mit freundlicher Unterstützung von

INHALTSVERZEICHNIS

VORWORT

Pflanzen sind Balsam für die Seele und tragen wesentlich zu einer positiven Stimmung bei. Holen Sie sich doch auch diese grüne Energie in Ihr Zuhause. Gerade für Menschen, die nicht in den Genuss eines eigenen Gartens kommen, eignet sich der Trend des „XXS-Gardenings" perfekt! Denn eine Gartenszene lässt sich fast in jeder Schale, jedem Kübel oder sogar in einem alten Koffer erschaffen. Dieses Buch wird Sie in den Bann des „Klitzekleinen" ziehen und bei Ihnen die Lust am kreativen Gestalten von Gärtchen im XXS-Format entfachen. Dabei zeige ich Ihnen, dass das Kreieren der Mini-Welten eine Technik ist, die jeder erlernen kann. Sie können die Anleitungen wie Kochbuchrezepte verstehen und die Zutaten ganz leicht austauschen und neu kombinieren, um so wieder etwas ganz Besonderes zu schaffen. Haben Sie keine Scheu davor, mit den Dekoaccessoires zu spielen und mit Pflanzen und Materialien zu experimentieren. Lassen Sie Ihren Ideen freien Lauf und gestalten Sie Ihre Gärten ganz nach Ihrem Geschmack.

Viel Freude in der Welt der Miniaturgärten und beim Gestalten!

Evelyn Schinckel

So wird gepflanzt:

Richtige Pflanzenwahl

Für die Gärtchen eignen sich besonders kleinbleibende Gehölze und Stauden, langsam wachsende Pflanzen und Bodendecker wie Sternmoos. Je nach Thema des Gärtchens lassen sich die Pflanzen ganz individuell wählen. In ihren Pflegebedingungen, z. B. Licht- und Wasserbedarf, müssen sie allerdings zueinanderpassen. Gelegentlich sollten die Gewächse zurückgeschnitten werden, um den Erhalt des Minigärtchens langfristig zu gewähren. Generell muss die Pflanzenwahl nicht immer ganz in Grün gehalten sein, es können auch bunt blühende Gewächse verwendet werden.

Schritt 1

Zu Beginn Gefäße, die aus wasserempfindlichem Material bestehen, mit Folie auslegen, dann Blähton als Dränage mindestens 2 cm hoch einfüllen und ein Drängevlies auflegen. Nun die passende Pflanzerde hinzufügen und gleichmäßig verteilen.

Schritt 2

Nun die Pflanzen an den gewünschten Stellen vorsichtig einsetzen und diese um die Wurzelballen herum andrücken. Dabei bringen verschiedene Pflanzen Abwechslung in das Gärtchen.

SCHRITT 3

Möchte man eine Wiesenoptik im Minigärtchen erzeugen, sind Plattenmoos und Sternmoos genau das Richtige. Mit gewölbten Moospolstern lassen sich ganz leicht kleine Hügel im Gefäß erschaffen. Ebenfalls geben diese Pflanzen dem Boden des Gärtchens Halt.

SCHRITT 4

Um kleine Wege oder Plätze als Untergrund für Stühle und Tische zu erstellen, eignen sich am besten Kieselsteine, die man mit einem Glas auf die Pflanzfläche schütten kann, oder flache Bruchsteine, die aufgelegt werden.

SCHRITT 5

Zuletzt setzen Sie die Dekoaccessoires und Tierfiguren oder Ähnliches auf die Wiese oder den geschaffenen Untergrund und arrangieren alle Dekoelemente so, dass das Gärtchen fast aussieht als würde es im nächsten Moment zum Leben erwachen.

DAS BRAUCHEN SIE

MINI-PFLANZEN

Grünpflanzen haben eine ganz besondere Wirkung. Durch ihre facettenreichen Formen, Strukturen und Grünnuancen geben sie den Gärtchen immer wieder einen anderen Charakter. Sukkulenten eignen sich z. B. für modern wirkende XXS-Welten prima. Kiefern und Tannen dagegen ergeben einen tollen Look bei ländlichen Gestaltungen, die dann allerdings draußen aufgestellt werden müssen. Der Fantasie sind bei der Pflanzenauswahl für Ihr XXS-Gardening-Projekt nur durch die pflegerischen Anforderungen Grenzen gesetzt. Zu finden sind die kleinbleibenden Gewächse vor allem im Fachhandel, z. B. beim Floristen Ihres Vertrauens. Legen Sie los!

NATURALIEN

Durch Materialien wie Moos, Baumrinde, Äste oder Steine wirken die Miniaturgärten gleich noch natürlicher. Sie erhalten diese beim Floristen oder beim Spaziergang durch den Wald. Achtung: Viele Moosarten stehen auf der Roten Liste und dürfen der Natur nicht entnommen werden. In Natur- und Landschaftsschutzgebieten ist das Sammeln grundsätzlich nicht erlaubt.

MINIATURMÖBEL

Rückzugsorte, Waldlichtungen oder Liege- plätze am Strand – für jede Idee und jedes Motto gibt es individuelle Miniatur- möbel. Sie finden diese beim Floristen oder im entsprechenden Fachhandel.

MINIATURFIGUREN

Ob verspielt, romantisch oder schlicht – mit kleinen Figuren lassen sich die XXS- Gärten im Nu zu lebendig wirkenden Welten gestalten. Dabei können Sie sowohl menschliche Figuren als auch eine Fülle an Tieren, z. B. Füchse, Eulen, Hunde und Hühner auf Ihre Gestal- tungsfläche setzen und durch Häuser oder Ställe ergänzen.

ETAGEN-GARTEN

Das brauchen Sie

Hilfsmittel:
- Emaillekochtöpfe in zwei Größen
- Pflanzerde
- kleine Schieferplatten
- Fenster und Tor aus Illustriertenpapier
- Kleber

Dekoaccessoires:
- Tischgruppe in Baumstammoptik

- Leitern
- Bienenhaus
- Tablett mit Wurst
- Tablett mit Käse
- Aststück mit Axt
- Brennholzregal
- Holzbank

Pflanzen:
- Hyazinthen
- Schachblumen
- Moos

So wird's gemacht

Die beiden Emailletöpfe komplett mit Pflanzerde befüllen, dann den kleineren leicht asymmetrisch versetzt auf dem größeren platzieren. Die Erde des unteren Topfes im rechten Bereich mit Hyazinthe und Schachblume bepflanzen, im linken Bereich mit Schieferplatten bedecken und dort die Tischgruppe arrangieren. Dabei das Bienenhaus an das obere Gefäß anlehnen und die Zwischenräume der Platten mit Moos bedecken. Den oberen Topf ebenfalls mit Hyazinthen und Schachblumen bepflanzen sowie die freien Erdbereiche mit Moos abdecken und die Bank platzieren. Aus Illustrierten Bilder von Fenstern und Eingangstor ausschneiden und diese an die Töpfe kleben. Zum Schluss Leitern anlehnen und das „Fensterln" kann beginnen.

HINWEIS

Im Frühlingskapitel wurde mit saisonalen Pflanzen gearbeitet, die nach dem Verblühen ausgetauscht werden müssen. Vorteil: Während der Blütezeit erfreut die erfrischende Wirkung der Blühpflanzen und beim Austauschen beschäftigt man sich erneut mit der Gestaltung des eigenen Gärtchens. So macht die Gartenarbeit noch mehr Spaß!

FRÜHLING AM BACHLAUF

Das brauchen Sie

Hilfsmittel:
- flache Schale
- Pflanzerde
- Kieselsteine
- blaues Granulat
- Ministeinplatten
- Papierstreifen
- Äste
- Kleber

Dekoaccessoires:
- Katzen
- Vögel

- Wäscheleine
- Stoffstücke
- Blumenkübel
- Stuhl
- Eimer
- Körbe
- Besen

Pflanzen:
- Tulpen
- Hyazinthen
- Primeln
- Moos

So wird's gemacht

Die Schale mit Pflanzerde bis 2 cm unterhalb der Kante befüllen. Papierstreifen mit blauem Granulat bekleben und damit die Gartenfläche asymmetrisch teilen. Durch braune Kieselsteine eine Begrenzung des entstandenen Bachlaufs formen. Die Hyazinthen und Tulpen im hinteren Bereich, links und rechts neben dem Bach, einpflanzen. Äste verteilt in die Erde stecken. In den vorderen Bereich rosa Primeln einpflanzen. Die Erde nun mit Moos abdecken. Zum Schluss die Dekoaccessoires, wie die Wäscheleine mit Wäsche, die Blumenkübel und Körbe, im Garten einsetzen. Bei den tollen Blumen wird die Wäsche im Garten fast schon zur Nebensache!

TIPP

Mit einem alten Gartenschlauch lassen sich weniger attraktive aber praktische Gefäße zeitgemäß aufpeppen. Dazu an verschiedenen Stellen einige Umwicklungen mit Draht oder kabelbindern zusammenfassen.

SCHREBER-GARTEN

So wird's gemacht

Ein breites Kunststoffgefäß mit einem langen Gartenschlauch umwickeln und die Wicklungen mithilfe von Draht an mehreren Stellen fixieren. Nun das Gefäß mit Pflanzerde füllen, das Thymian-Hochstämmchen in die Mitte pflanzen und Efeu, Narzissen, Traubenhyazinthen und Glockenblume drumherum arrangieren. Vor allem im vorderen Bereich Platz freilassen, hier die Erde mit dunklem Granulat abdecken. Die Dekozaunelemente aufstellen, mittig unter dem Baum eine Bank positionieren sowie Garten-geräte und Gießkannen in die Mini-Welt stellen.

Das brauchen Sie

Hilfsmittel:
• Kunststoffgefäß
• Pflanzerde
• Gartenschlauch
• Draht
• dunkles Granulat

Dekoaccessoires:
• Zaunelemente
• Gießkannen
• Eimer
• Milchkanne

• Vögel
• Reisigbündel
• Obstkörbe
• Gartengeräte

Pflanzen:
• Narzissen
• Traubenhyazinthen
• Thymian-
  Hochstämmchen
• Glockenblume
• Efeu

HIRTEN-IDYLLE

So wird's gemacht

Den Koffer komplett mit Folie auskleiden, dann zur Hälfte mit Blähton füllen, Dränagevlies auflegen und Pflanzerde bis 2 cm unterhalb der Kante einfüllen. In den hinteren Bereich beidseitig Jasmin pflanzen sowie Traubenhyazinthen und Primeln im vorderen Bereich gruppiert einsetzen. Einige Äste hinzustecken. Den Boden zur Hälfte mit Moos bedecken. Hier finden der Hirte und die Schafe ihren Platz. Die andere Hälfte mit dunklem Granulat bedecken. Dort mit einem Brunnen und ländlichen Accessoires die Hirtenidylle vervollständigen.

Das brauchen Sie

Hilfsmittel:
- alter Koffer
- Folie
- Blähton
- Dränagevlies
- Pflanzerde
- dunkles Granulat
- Äste

Dekoaccessoires:
- Schafe
- Hirte
- Brunnen
- Korb mit Heu
- Schubkarre
- Zweigbündel
- Rechen
- Zaunelemente

Pflanzen:
- Traubenhyazinthen
- Primeln
- Efeu
- Jasmin
- Moos

MARKT-PLATZ

DAS BRAUCHEN SIE

Hilfsmittel:
- Kaffeekiste
- Folie
- Blähton
- Dränagevlies
- Pflanzerde
- braunes Granulat
- kleine Steinplatten

Dekoaccessoires:
- Marktaccessoires
- Fässer
- Schubkarre
- Holzkisten

- Figuren
- Hühner
- Hühnerkäfige
- Hühnerleiter
- Vogelkäfig
- Baumstumpf

Pflanzen:
- Narzissen
- Netz-Iris
- Traubenhyazinthen
- Jasmin
- Kletterfeige
- Heidelbeerzweige

SO WIRD'S GEMACHT

Die Kaffeekiste mit Folie auskleiden, dann ca. zur Hälfte mit Blähton füllen. Dränagevlies auflegen und Pflanzerde bis 2 cm unterhalb des Kistenrandes einfüllen. Narzissen, Netz-Iris und Traubenhyazinthen einpflanzen. An die vordere Kante des Gärtchens die Kletterfeige setzen und in die hintere Ecke den Jasmin. Heidelbeerzweige in den hinteren Bereich hinzustecken. Die Erde mit Steinplatten bedecken, sodass ein gepflasterter Platz entsteht. Die Freiflächen mit braunem Granulat bestreuen. Durch Marktaccessoires wie Obst-, Gemüse- oder Fleischkisten und Figuren von Käufern wird dem Gärtchen Leben eingehaucht.

019

TIPP

Den Koffer einerseits vorher mit Folie auskleiden, damit die Feuchtigkeit ihn nicht beschädigt! Andererseits müssen Wasserabflusslöcher in den Koffer gebohrt werden, damit überschüssiges Regenwasser nicht zu Staunässe und Faulen der Wurzelballen führt. Alternativ kann ein überdachter Aufstellplatz helfen.

GARTEN-PARADIES

SO WIRD'S GEMACHT

So kommen alte Schätzchen zu neuen Ehren!
Den Koffer mit weißer Abtönfarbe anstreichen,
dann Folie einfügen, ca. 4 cm hoch Blähton
einfüllen, Dränagevlies auflegen und mit Pflanzerde bis 2 cm unterhalb der Kofferkante auffüllen.
Die Pflanzen gruppiert im hinteren und in den
seitlichen Bereich einpflanzen, dabei mittig
Raum für den Sitzbereich freilassen. Hier Kieselsteine verteilen, Gartenstuhl und Zaunelemente
aufstellen, dann Eimer, Gieß- und Milchkanne
sowie die bäuerlichen Arbeitsgeräte platzieren.
Alles leicht angießen und das Idyll vom Garten,
in dem gerne gewerkelt wird, ist fertig!

DAS BRAUCHEN SIE

Hilfsmittel:
- alter Koffer
- Abtönfarbe
- Folie
- Blähton
- Dränagevlies
- Pflanzerde
- Kieselsteine

Dekoaccessoires:
- Stuhl
- Arbeitsgeräte
- Zaunelemente
- Milchkannen

- Eimer
- Gießkanne

Pflanzen:
- Baum-Heide
- Bärenfellgras
- Funkie
- Katzenminze
- Salbei
- Schaumblüte
- Teppichlobelie
- Moos
- Sternmoos

TIPP

Mit dieser Inszenierung lässt sich ein Stück alter englischer Gartenkunst ins eigene Heim holen!

ENGLISCHES GÄRTLEIN

DAS BRAUCHEN SIE

Hilfsmittel:
- Zinkwanne
- Blähton
- Dränagevlies
- Pflanzerde
- dunkles Granulat

Dekoaccessoires:
- Sitzgruppe
- Tauben
- Blumentöpfe

Pflanzen:
- Fetthenne
- Hebe
- Teppichlobelie
- Katzenminze
- Schaumblüte
- Traubenlilie
- Waldrebe
- Hauswurz

SO WIRD'S GEMACHT

Die Zinkwanne zur Hälfte mit Blähton befüllen. Dränagevlies auflegen und Pflanzerde bis ca. 2 cm unterhalb des Wannenrandes auffüllen. In den hinteren Teil der Gestaltungsfläche Katzenminze, Schaumblüte, Traubenlilie und Waldrebe dicht nebeneinander einpflanzen, vorne die niedrigen Pflanzen wie Teppichlobelie, Fetthenne, Hauswurz und Hebe. Im vorderen mittleren Bereich dunkles Granulat aufschütten und mit zwei Stühlen und einem Tisch zur Sitzecke gestalten. Tauben und Blumentopfaccessoires hinzufügen – fertig ist ein Blütenparadies mit englischem Charme.

HINWEIS

Die Zimmerrebe, botanisch *Cissus striata*, ist in den warmen Monaten des Jahres auch als Pflanze für draußen geeignet.

LAND-LIEBE

SO WIRD'S GEMACHT

Zunächst den hölzernen Blumenkasten mit Folie auskleiden, dann ca. 4 cm hoch mit Blähton füllen, Dränagevlies auflegen und Pflanzerde bis 2 cm unterhalb der Kante einfüllen. In den linken Bereich die Orangenblume, den blühenden Polster-Steinbrech und die rankende Zimmerrebe pflanzen, rechts den Buchssetzling und die Mühlenbeckie um eine ca. 10 x 12 cm große Hartfaserplatte gruppieren. Die übrige Erde mit hellem Granulat und großen Kieseln abdecken. Auf die Hartfaserplatte ein kleines Strohbündel, den Hühnerstall und die Tiere verteilen. Mit der Leiter und dem altertümlichen Strohbesen sowie dem Bauernjungen wird das ländliche Idyll aus dem letzten Jahrhundert ganz lebendig.

DAS BRAUCHEN SIE

Hilfsmittel:
- Blumenkasten
- Folie
- Blähton
- Dränagevlies
- Pflanzerde
- Hartfaserplatte
- helles Granulat
- große Kieselsteine

Dekoaccessoires:
- Hühner
- Hühnerstall
- Strohbündel
- Strohbesen
- Leiter
- Bauernjunge

Pflanzen:
- Orangenblume
- Mühlenbeckie
- Polster-Steinbrech
- Buchssetzling
- Zimmerrebe

SCHÄFER-STÜNDCHEN

Das brauchen Sie

Hilfsmittel:
- Holzkiste
- Folie
- Blähton
- Dränagevlies
- Pflanzerde
- Papierstreifen
- Kieselsteine
- Sand

Dekoaccessoires:
- Schafe
- Pavillon

- Zaun
- Strohbündel
- Fässchen

Pflanzen:
- Baumheide
- Bärenfellgras
- Fiederpolster
- Hauswurz
- Schaumblüte
- Polstermoos
- Sternmoos

So wird's gemacht

Die Holzkiste mit Folie auskleiden, dann ca. 4 cm hoch mit Blähton füllen, Dränagevlies auflegen und Pflanzerde bis 2 cm unterhalb der Kante einfüllen. Links Sternmoos, Polstermoos und Gras wie eine saftige, leicht hügelige Wiese einpflanzen, rechts die übrigen Pflanzen. Für den querenden Weg Papierstreifen von ca. 5 cm Breite auf die Erde legen und mit feinem Sand bedecken. Zur Betonung des Weges als Übergang zum bepflanzten Bereich kleine Kieselsteine aufschütten. Nun die Schafe auf die Wiese setzen und mit dem Zaun den Wiesenteil einrahmen. Der Pavillon am Ende des Weges lädt zum Verweilen ein.

TIPP

Durch das untergelegte Papier auf dem Weg wird der helle Sand von der Erde getrennt und behält so seine strahlend weiße Farbe. Allerdings muss man entsprechend vorsichtig gießen.

RÜCKZUGSORT

DAS BRAUCHEN SIE

Hilfsmittel:
- Schale
- Blähton
- Dränagevlies
- Pflanzerde
- dunkles Granulat

Dekoaccessoires:
- Stuhl
- Tisch
- Bank
- Torbogen
- Enten

- Buchsbaum im Gefäß

Pflanzen:
- Buchsbaum
- Zwergmispel
- Hebe
- Teppichlobelie
- Fiederpolster
- Hauswurz
- Lebensbaum
- Schaumblüte
- Polstermoos

SO WIRD'S GEMACHT

Schale mit einer Dränage und dann mit Pflanzerde füllen, dabei einen Gießrand von 2 cm belassen. Das Gärtchen im hinteren Bereich mit den höheren Pflanzen wie Zwergmispel, Lebensbaum und Buchsbaum bepflanzen, seitlich die niedrigen Stauden einsetzen. Dabei die mittige Fläche freilassen, diese mit Granulat bedecken und die Gartenaccessoires aufstellen. Zentral den Torbogen platzieren, dazu eine Bank sowie einen Tisch und einen Stuhl. Die kleinen Enten bringen Leben in das Arrangement.

TIPP

Für eine zum Betrachter hin abgestufte Gartengestaltung sollten im hinteren Bereich die höheren Pflanzen, im vorderen Bereich die niedrigen platziert werden.

TIPP

Je nach Wahl der Accessoires lassen sich die Gärtchen schnell thematisch umgestalten. Hier sind es einmal Gartenaccessoires und alternativ ländliche Bauernhofrequisiten.

SOMMER- OASE

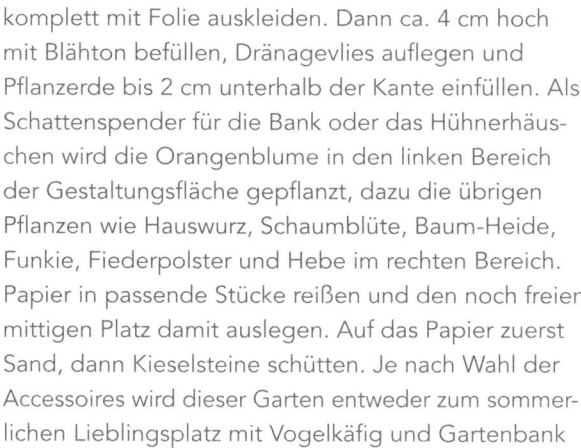

DAS BRAUCHEN SIE

Hilfsmittel:
- Holzkiste
- Abtönfarbe
- Folie
- Blähton
- Dränagevlies
- Pflanzerde
- Papier
- Sand
- Kieselsteine

Dekoaccessoires:
- Gartenbank
- Vogelkäfig

- Hühnerstall
- Huhn
- Vogelnest

Pflanzen:
- Orangenblume
- Baum-Heide
- Funkie
- Hebe
- Fiederpolster
- Hauswurz
- Schaumblüte
- Teppichlobelie

SO WIRD'S GEMACHT

Die Holzkiste mit weißer Abtönfarbe anstreichen und komplett mit Folie auskleiden. Dann ca. 4 cm hoch mit Blähton befüllen, Dränagevlies auflegen und Pflanzerde bis 2 cm unterhalb der Kante einfüllen. Als Schattenspender für die Bank oder das Hühnerhäuschen wird die Orangenblume in den linken Bereich der Gestaltungsfläche gepflanzt, dazu die übrigen Pflanzen wie Hauswurz, Schaumblüte, Baum-Heide, Funkie, Fiederpolster und Hebe im rechten Bereich. Papier in passende Stücke reißen und den noch freien mittigen Platz damit auslegen. Auf das Papier zuerst Sand, dann Kieselsteine schütten. Je nach Wahl der Accessoires wird dieser Garten entweder zum sommerlichen Lieblingsplatz mit Vogelkäfig und Gartenbank oder mit Hühnerstall zum schönsten Paradies für das Federvieh.

TIPP

Alte Gefäße eignen sich besonders
gut für die Minigärtchengestaltung.
Hier ein alter Emailletopf aus Omas
Waschküche.

PICKNICK IM GRÜNEN

DAS BRAUCHEN SIE

Hilfsmittel:
• Emailletopf
• Blähton
• Dränagevlies
• Pflanzerde
• Kieselsteine

Dekoaccessoires:
• Liegestuhl
• Picknickaccessoires
• Picknickdecke

Pflanzen:
• Zwerg-Kiefer
• Teppichlobelie
• Sternmoos
• Polstermoos

SO WIRD'S GEMACHT

Den Emailletopf zur Hälfte mit Blähton füllen, Dränage-vlies auflegen und anschließend die Pflanzerde einfüllen. Diese über den Rand hinaus zu einer Kuppel formen und leicht andrücken. Etwas seitlich im hinteren Teil die Zwerg-Kiefer einpflanzen, den Hügel komplett mit Sternmoos, Polstermoos und Teppichlobelie bedecken und dabei leicht modellieren. Eine Treppe aus flachen Kieselsteinen gestalten.

KOBOLD-VERSTECK

DAS BRAUCHEN SIE

Hilfsmittel:
- Emaillewanne
- Blähton
- Dränagevlies
- Pflanzerde
- Tongefäß-
  bruchstücke
- weißes Granulat
- Steinplatte
- Papier
- künstliche Bimssteine

Dekoaccessoires:
- Hollywoodschaukel
- Kobold
- Koboldhaus

Pflanzen:
- Scheinzypresse
- Köcherblümchen
- Hauswurz
- Teppichlobelie

SO WIRD'S GEMACHT

Den Emaillewanne zur Hälfte mit Blähton füllen. Dränage-vlies auflegen und Pflanzerde bis 2 cm unterhalb der Kante einfüllen. In den hinteren Bereich Scheinzypresse und Köcherblümchen pflanzen. Davor Bruchstücke von Tongefäßen lehnen. Die freie Erdfläche mit Papier bedecken und weißes Granulat aufschütten. Die rechte Seite nun noch mit einer Steinplatte belegen. Bims-steine hinzufügen und die Hollywoodschaukel auf das Granulat stellen. An der vorderen Kante des Kübels findet Hauswurz Platz, dahinter das Koboldhäuschen. Unscheinbar versteckt sich der scheue Kobold zwischen den Pflanzen in seinem magischen Wald.

Die im Urlaub gesammelten Muscheln lassen
sich direkt für diese schöne Idee verwenden.
In das blaue Granulat gelegt, sind sie ein tolles
Detail, das den Beach-Charakter noch mehr
hervorhebt.

At the Beach

Das brauchen Sie

Hilfsmittel:
- Holztablett
- Folie
- Pflanzerde
- blaues Granulat
- Sand
- Papierstreifen

- Muscheln
- Schneckenhäuser
- Schwemmholz
- Seesternskelett

Pflanzen:
- Bergpalmen
- Fiederaralie
- Fingeraralie

Dekoaccessoires:
- Liegestühle
- Sonnenschirm

So wird's gemacht

Das Holztablett mit Folie auskleiden. Dann für dieses Strandszenario die Wasserfläche von der Landfläche durch senkrechtes Einfügen eines Papierstreifens abtrennen und den vorderen Bereich mit blauem Granulat bis 1 cm unterhalb des Tablettrandes auffüllen. Die Landseite mit Pflanzerde ebenso befüllen. Hier links und rechts die Bergpalmen und Aralienarten einpflanzen. Der jetzt um die Pflanzen zu verteilende Sand ergibt den Strand des Minigärtchens. Mit zwei Liegestühlen, einem Sonnenschirm und Muscheln wird der Beach-Look perfekt!

KÁLIMERA

Das brauchen Sie

Hilfsmittel:
- Glasschale
- Abtönfarbe
- Folie
- Sukkulentenerde
- Sand
- Steckdrahtkrampen
- Heißkleber
- Kieselsteine
- Schieferplatten

Dekoaccessoires:
- Säulen
- Säulenbruchstücke
- Katzen
- Bank

Pflanzen:
- Haworthia-Arten
- Aloe-Arten

So wird's gemacht

Die Schale, um das Glas vor Kratzern zu schützen, mit Folie auskleiden und mit Sukkulentenerde bis ca 1 cm unterhalb des Schalenrandes auffüllen. Die Aloe- und die Haworthia-Arten gruppiert anordnen. Mittig mit unterschiedlich großen Schieferplatten einen Weg durch den Minigarten erstellen. Die Erde mit Sand sowie hellen und dunkelgrauen Kieselsteinen bedecken. Die Holzbank mit blauer Abtönfarbe anstreichen. In der Zwischenzeit unter die Säulen Steckdrahtkrampen kleben und diese damit in die Erde stecken, eine in den vorderen und drei in den hinteren Gestaltungsbereich. Auf der Bank und auf dem Boden davor finden zuletzt noch die kleinen Katzen ihren Platz. Und schon ist die Urlaubserinnerung an das antike Griechenland für Zuhause entstanden.

TIPP

Sukkulenten sind die idealen Pflanzen für alle, die gerne mal das Gießen vergessen. Denn sie speichern das Wasser in ihrem Körper und halten deshalb auch längere Trockenphasen problemlos aus. Sukkulenten bevorzugen einen hellen, sonnigen Standort.

TIPP

Durch eine andere Pflanzenwahl kann
diese Miniwelt problemlos in eine
sommerliche Gartenpartyszene umge-
wandelt werden.

Ab in die Wüste

So wird's gemacht

Schale mit Sukkulentenerde befüllen. Im hinteren Bereich die beiden säulenförmigen Sukkulenten einpflanzen, vorne rechts den Kaktus. Die Erde vollständig mit Sand bedecken. Den Tisch aus 5 mm-Vierkantholz selbst erstellen. Dazu aus je drei 3 cm langen Stäben zwei u-förmige Tischuntergestelle erstellen, diese mit sieben jeweils 5 cm langen Stäben als Tischplatte bekleben. Den Tisch und die in Lila bzw. Grün gestrichenen Stühle in der Mitte des Gärtchens platzieren, dazu kleine Tongefäße dekorieren. Links davon hellen Ast einstecken und hier eine Wimpelkette anknoten und zur Opuntie spannen. Für die Wimpelkette ca. 30 cm lange Kordel abschneiden und mit bunten, aus Bändern geschnittenen Rauten bekleben. Strohblumenblüten in den Sand stecken. Alles auf einem Bastpouf platzieren und eine orangefarben gestrichene Liege hinzufügen.

Das brauchen Sie

Hilfsmittel:
- Schale
- Abtönfarbe (mehrere Farben)
- Sukkulenterde
- Sand
- Äste
- Vierkanthölzer
- bunte Bänder
- Heißkleber
- Stoffstücke
- Kordel
- Bastpouf
- Strohblumenblüten

Dekoaccessoires:
- Stühle
- Liege
- Tongefäße

Pflanzen:
- Erdbeerkaktus
- Opuntie
- Euphorbie

Bei den Beduinen

Das brauchen Sie

Hilfsmittel:
- alter Koffer
- Folie
- Blähton
- Dränagevlies
- Pflanzerde
- Sand
- Stoff
- Holzspieße
- Kordel
- Drahtkrampe

Dekoaccessoires:
- Kamel
- Pferd
- Schlange
- Teppiche
- Weinflasche
- Tongefäße

Pflanzen:
- Echte Aloe
- Schirmpalme
- Bergpalme

So wird's gemacht

Den Koffer mit Folie auskleiden, dann ca. 4 cm hoch mit Blähton füllen, Dränagevlies auflegen und Pflanzerde bis 2 cm unterhalb der Kante einfüllen. Die Pflanzen im Koffer verteilt einsetzen. Erde vollständig mit Sand bedecken. Die Teppiche, den Kofferrand überlappend, auf die linke Seite des Gärtchens legen. Das Kamel, das Pferd und die Schlange unter bzw. zwischen die Pflanzen setzen. Um den Beduinen-Look zu vervollständigen, ein quadratisches Stück Stoff mit vier kleinen Löchern in jeder Ecke versehen und hiermit auf Holzspieße stecken. Das Sonnenschutzsegel in den Sand stellen und mit zwei Kordeln von den vorderen Holzspießen zur Schließe des Koffers und zu einer Drahtkrampe im Sand abspannen. Der Siesta in der Wüstensonne steht nichts mehr im Wege!

TIPP

Auch wenn sich diese Wüstenoase in jeder Ecke des eigenen Zuhauses sehr gut macht, sollte der Koffer immer an einem Platz mit ausreichendem Licht stehen.

SIESTA MEXICANA

DAS BRAUCHEN SIE

Hilfsmittel:
- geflochtener Korb
- Folie
- Sukkulentenerde
- Sand
- braunes Granulat
- trockene Draht-
  pflanzentriebe

Dekoaccessoires:
- Mexikaner
- Steintorbogen

- Tongefäße
- Eimer
- Milchkanne
- Tischchen

Pflanzen:
- Opuntie
- verschiedene
  Säulenkakteen
- verschiedene
  Warzen- bzw.
  Kugelkakteen

SO WIRD'S GEMACHT

Korb mit Folie auskleiden und mit Sukkulentenerde bis 1 cm unter den Korbrand befüllen. Die
verschiedenen Kakteen im Gärtchen in Gruppen
anordnen und einpflanzen. Die Erde vollständig
mit Sand bedecken. Den steinernen Torbogen
mittig und die Mexikanerfigur davor platzieren.
Den Randbereich mit Granulatschüttung versehen, die Sandfläche in der Mitte der Gestaltung dabei frei lassen.

LANZAROTE

So wird's gemacht

Hier werden Urlaubserinnerungen wach! Den Blähton in die dunkle Keramikschale einfüllen und diese mit Sukkulentenerde bis 2 cm unterhalb der Kante füllen. Rechts und links Lavasteine in der Höhe versetzt platzieren und die Sukkulenten dazwischenpflanzen. Zwei mit Zierdraht umwickelte Glasmurmeln als Dekoaccessoires in den Garten setzen. Die noch übriggebliebene Erdfläche mit den Mosaiksteinen und Granulat belegen und dort den Liegestuhl aufstellen. Fertig ist die Insel im Miniaturformat für Zuhause!

Das brauchen Sie

Hilfsmittel:
- Keramikschale
- Blähton
- Sukkulentenerde
- Mosaiksteine
- Granulat
- künstliche Lavasteine

Dekoaccessoires:
- Liege
- Glasmurmeln in Zierdrahtspiralen

Pflanzen:
- Chinadickblatt
- Harworthia-Arten

TIPP

Pflegeleichte Sukkulentenrosetten benötigen nur wenig Wasser und fühlen sich zwischen Gestein besonders wohl, perfekt also für den Minigarten im Stil von Lanzarote mit künstlichem Vulkangestein.

TIPP

Mit dieser Gärtchenidee schafft man sich zugleich den perfekten Anbauort für die mediterranen Küchenkräuter. So sind sie immer schnell zur Hand und die Pflanzen lassen sich gegebenenfalls nach dem Abernten beliebig austauschen. Übrigens, wenn diese Pflanzung draußen dem Regen ausgesetzt wird, muss die Schüssel mit einem Wasserabflussloch versehen werden.

MEDITERRANE OASE

DAS BRAUCHEN SIE

Hilfsmittel:
- Emailleschüssel
- Blähton
- Dränagevlies
- Pflanzerde
- helles Granulat
- Papier
- Eselskarren
- Heubündel
- Steintorbogen
- Steinmauer

Dekoaccessoires:
- Gießkannen

Pflanzen:
- Salbei
- Lavendelhoch-
  stämmchen
- Thymian

SO WIRD'S GEMACHT

Die Emailleschüssel ca. 2 cm hoch mit Bläh-ton füllen, Dränagevlies auflegen und Pflanz-erde bis 2 cm unterhalb der Kante einfüllen. Nun wird im mittleren und hinteren Bereich Salbei, Lavendel und Thymian eingepflanzt, sodass eine mediterrane Gartenanmutung entsteht. Mit einem unterlegten Streifen Papier und hellem Granulat mittig einen Weg anlegen. Im vorderen Teil des Gärtchens die Gestaltungsfläche mit einem Steinmauer-element abschließen und den Eselskarren positionieren. Abschließend die Gießkannen auf das Mäuerchen setzen.

MEIN BUCHENHAIN

DAS BRAUCHEN SIE

Hilfsmittel:
- Zinkwanne
- Blähton
- Dränagevlies
- Pflanzerde
- kleine und große Steine
- Zweigstücke
- Fichtenzweigstücke
- Felsstein
- bemooste Baumstümpfe
- Rebenbindedraht
- Kunststoffschale
- helles Granulat

Dekoaccessoires:
- Fuchs
- Gartengeräte
- Schild mit Beschriftung
- Eimer

Pflanzen:
- Enzian
- Walderdbeere
- Hauswurz
- Günsel
- Fichtensetzlinge
- Buchensetzling
- Holundersprössling
- Thymian
- Haselwurz
- Moos

SO WIRD'S GEMACHT

Zinkwanne zur Hälfte mit Blähton füllen, Dränagevlies auflegen und Pflanzerde bis 2 cm unterhalb der Kante einfüllen. In den hinteren Bereich einen knorrigen Ast positionieren und einen Buchensetzling einpflanzen. Daneben eine Kunststoffschale in die Erde einlassen, in die später Wasser gefüllt wird. Kleinere und größere Steine um den Miniteich ordnen. Links einen bemoosten Baumstumpf und einen Felsstein platzieren. Die übrige Fläche mit kleinen Waldpflanzen, Hauswurz und Enzian bepflanzen. Sichtbare Erde mit Moos oder hellem Granulat abdecken. Dann aus ca. 20 jeweils 4 cm langen Fichtenzweigstücken einen Steg über den Teich erstellen, indem die Abschnitte durch Umschlingung zweier Rebenbindedrahtstränge aneinandergereiht werden. Aus dünnen, ca. 30 cm langen Fichtenzweiglein durch Umwickeln mit Draht einen Torbogen formen und seitlich einfügen. Mit hellem Granulat einen Weg streuen. Schild mit Aufschrift „Mein Garten" einstecken. Fertig ist der alpine Mini-Naturgarten.

HINWEIS

Viele in freier Natur vorkommende und für XXS-Gärten geeignete Pflanzen gibt es in Staudengärtnereien, Baumschulen und Floristikfachbetrieben. Denn es gilt: Eine Reihe von Pflanzen, z. B. Walderdbeere, Bärlapp und Enzian, stehen unter generellem Naturschutz (Rote Liste) und dürfen aus der Natur nicht entnommen werden. Im Übrigen ist in Natur- und Landschaftsschutzgebieten das Sammeln jeglicher Pflanzen und auch loser Pflanzenteile untersagt. Für das Sammeln gibt es ansonsten eine Faustregel: Nur so viel sammeln, dass der Bestand einer Pflanze an diesem Ort auch dann noch unbelastet erscheint, wenn 100 Sammler eine entsprechend große Menge ebenfalls hier sammeln würden.

BERG- FRIEDEN

DAS BRAUCHEN SIE

Hilfsmittel:
- Zinkwanne
- Blähton
- Dränagevlies
- Pflanzerde
- Holzstämme
- Äste
- Steine
- Zweige
- Wurzelknorren

Pflanzen:
- Enzian
- Fichtensetzling
- Hauswurz
- Gräser
- verschiedene Kleinpflanzen
- Thymian
- Lärchensetzling
- Flechten
- Moos

SO WIRD'S GEMACHT

Die Zinkwanne zur Hälfte mit Blähton füllen, Dränagevlies auflegen und Pflanzerde bis 2 cm unterhalb der Kante einfüllen. An einigen Stellen die Erde in der Höhe über den Gefäßrand hinweg hügelartig modulieren. Im hinteren Bereich höher gewachsene Pflanzen sowie Äste einsetzen. Dazwischengepflanzte Gräser verstärken den Wald-Look. Die niedrigere Ebene im vorderen Bereich mit Enzian, Moos, Hauswurz, Kleinpflanzen sowie kleinen Steinen gestalten.

ERHOLUNG IM GRÜNEN

DAS BRAUCHEN SIE

Hilfsmittel:
- Holzschublade
- Folie
- Blähton
- Dränagevlies
- Pflanzerde
- Kieselsteine
- Draht
- großer Stein
- Kordel
- Aststücke

Dekoaccessoires:
- Schild mit Beschriftung
- Gartenwerkzeug
- Füchse

Pflanzen:
- Liguster-Bonsais
- Enzian
- Glockenblume
- Hauswurz
- Ahornaustrieb
- Moos

SO WIRD'S GEMACHT

Die Holzschublade mit Folie auskleiden, dann ca. 4 cm hoch mit Blähton versehen, Dränagevlies auflegen und Pflanzerde bis 2 cm unterhalb der Kante einfüllen. An zwei Stellen Erde zu kleinen Hügeln formen. Links und rechts jeweils einen Bonsai einsetzen. Drumherum Glockenblumen, Enzian und Hauswurz einpflanzen. Die freien Erdflächen mit Moos und Kieselsteinen bedecken. Ein kurzes, ca. 3 cm langes Aststück an zwei gleichlange Kordeln knoten und diese Schaukel an einem der Bonsais fixieren. Aus gleichlangen Aststücken mithilfe von Drahtumwicklungen einen Zaun erstellen. Ein kleines Papprechteck mit „Mein Garten" beschriften, an ein Aststück kleben und einstecken. Zuletzt noch Schaufel, Hacke und anderes Werkzeug platzieren. Fertig ist die alpine XXS-Welt!

MEIN GARTEN

TIPP

Ausrangierte Schubladen, Obst- oder Weinkisten – kaum etwas, was sich nicht für die Erstellung von Minigärten eignen würde. Einfach mal beim Sperrmüll suchen!

MEIN GARTEN

TIPP

Wer geschickt genug ist, kann jede
Menge Accessoires selbst gestalten.
Alternativ hält der Handel für jedes
Minigartenthema passende Deko-
elemente bereit.

Das Tor zum Glück

So wird's gemacht

Aus biegsamen Fichtenzweigen und Drahtumwicklung gestaltete Torbögen dominieren diese Gärtchenidee. Aneinandergeklebte Bruchsteine bilden eine Steinmauer und gleichlange Äste werden mit Rebenbindedrahtwicklung miteinander zum Naturzaun verbunden. Die Holzkiste zuvor mit Folie auskleiden, dann ca. 2 cm hoch mit Blähton füllen, Dränagevlies auflegen und Pflanzerde bis 2 cm unterhalb der Kante einfüllen. Dann die Pflanzen einsetzen, die selbstgemachten Accessoires platzieren und mit Steinen einen Weg durch die Tore hindurch und am Zaun entlang markieren.

Das brauchen Sie

Hilfsmittel:
- Holzkiste
- Folie
- Blähton
- Dränagevlies
- Pflanzerde
- Kieselsteine
- Äste
- Fichtenzweige
- Rebenbindedraht
- Heißkleber

Pflanzen:
- Schneeballsprössling
- Ahornsprössling
- Glockenblume
- Hauswurz
- Bärlapp
- Moos

TIROLER BERGLUFT

So wird's gemacht

Den Holzkasten mit Folie auskleiden, dann ca. 2 cm hoch mit Blähton füllen, Dränagevlies auflegen und Pflanzerde bis 2 cm unterhalb der Kante einfüllen. In die hinteren Ecken kleine Fichten einsetzen, daneben Glockenblumen, Enzian, Hauswurz, Fünffingerkraut und Moos einpflanzen. Übrige Erde mit einzelnen Steinen kaschieren. Einen kleinen Zaun aus gleichlangen Fichtenzweigstücken durch Rebenbindedrahtumwicklung erstellen und einstecken. Zum Schluss Gartenaccessoires eindekorieren.

Das brauchen Sie

Hilfsmittel:
- Holzkasten
- Folie
- Blähton
- Dränagevlies
- Pflanzerde
- Steine
- Fichtenzweige
- Rebenbindedraht

Dekoaccessoires:
- Gartengeräte

Pflanzen:
- Fichtensetzlinge
- Enzian
- Glockenblume
- Hauswurz
- Fünffingerkraut
- Thymian
- Walderdbeere
- Moos

TIPP

Der Enzian ist nicht nur ein toller Blickfang im XXS-Garten, sondern repräsentiert eine alpine Landschaft par excellence. Da er unter Naturschutz steht, nur Pflanzen aus gärtnerischem Anbau verwenden!

Traum in Weiss

So wird's gemacht

Die weiße Zinkwanne zur Hälfte mit Blähton füllen, Dränagevlies auflegen und Pflanzerde bis 2 cm unterhalb der Kante einfüllen. Die Erdoberfläche etwas modulieren, sodass im hinteren Bereich eine leichte Erhöhung entsteht. Dort auch die Eberesche- und Schneeballjungpflanzen einpflanzen, davor die Glockenblumen sowie Hauswurz, Sauerklee, Haselwurz und die verschiedenen Moose. Im vorderen Wannenbereich eine Reihe weißer, grober Kieselsteine wegartig auslegen. Mithilfe von heller Kordel vorne und hinten Zäune erstellen, indem die Kordel im Webmuster um parallel eingesteckte, gleichlange Aststücke als Zaunpfähle gewunden wird. Gartenwerkzeug wie Spaten, Schaufel und Gießkanne dazustellen und die Hommage an einen weißen Garten ist fertig!

Das brauchen Sie

Hilfsmittel:
- weiß lackierte Zinkwanne
- Blähton
- Dränagevlies
- Pflanzerde
- Kordel
- Aststücke
- Kieselsteine

Pflanzen:
- Eberschensetzling
- Schneeballsprössling
- Glockenblume
- Hauswurz
- Sauerklee
- Haselwurz
- Farn
- Moos

Dekoaccessoires:
- Gartengeräte
- Gießkanne

BORKEN-WALD

So wird's gemacht

Manchmal braucht es gar kein Gefäß zu sein. Auch aneinandergeklebte Borkenstücke leisten hilfreiche Dienste, allerdings muss der Aufstellort dann unempfindlich gegen Wasser und ggf. leichte Verschmutzung sein. Die Borkenstücke zur Schalenform verkleben, Pflanzerde einfüllen und hierhinein Moos, Sauerklee und auf der rechten Seite einen skurril gewachsenen Wacholdertrieb pflanzen. Es kommen nur Pflanzen zum Einsatz, die mit einer dünnen Erdschicht auskommen können. Einen Ast quer darüberlegen und gegebenenfalls mit Draht fixieren. Dazwischen helle Steine legen. Das Zusammenspiel von Borke und Bepflanzung macht dieses Arrangement besonders reizvoll.

TIPP

Wer will, lässt scheue Berg- und Wald-
tiere, wie eine Gams oder ein Reh,
über diesen Naturausschnitt streifen.

SCHNECKEN- HAUS

SO WIRD'S GEMACHT

Der Mittelpunkt dieses Naturgärtchens ist ein Bergsee in Form einer mit Wasser gefüllten Kunststoffschale. Diese wird in die Pflanzerde eingesenkt. Doch zuvor das Metallgefäß ca. 2 cm hoch mit Blähton füllen, Dränagevlies auflegen und Pflanzerde bis 2 cm unterhalb der Kante einfüllen. Im vorderen Bereich Hauswurz, Haselwurz, Thymian und Walderdbeere einpflanzen. Gräser und Moos machen den Garten authentisch. Im hinteren Bereich kommen Enzian, Glockenblume, ein Ebereschensprössling, eine kleine Buche und Farn zum Einsatz. Den Bereich um die Kunststoffschale mit feinem weißen Granulat bedecken und als liebevolles Detail Gehäuse von Weinbergschnecken hinzufügen. Dann aus ca. 12 jeweils 4 cm langen Aststücken einen Steg über den Teich erstellen, indem die Abschnitte durch Umschlingung zweier Rebenbindedrahtstränge aneinandergereiht werden. Auf das Granulat abschließend eine Gießkanne und einen Eimer als Accessoires stellen.

DAS BRAUCHEN SIE

Hilfsmittel:
• Metallgefäß
• Blähton
• Dränagevlies
• Pflanzerde
• Schneckenhäuser
• helles Granulat
• Kunststoffschale
• Aststücke
• Rebenbindedraht

Dekoaccessoires:
• Gießkanne
• Eimer

Pflanzen:
• Enzian
• Farn
• Ebereschensprössling
• Buchensprössling
• Glockenblume
• Hauswurz
• Thymian
• Walderdbeere
• Gräser
• Haselwurz
• Moos

LIEBLINGS-PLATZ

So wird's gemacht

Die Zinkwanne zur Hälfte mit Blähton füllen, Dränagevlies auflegen und Pflanzerde bis 2 cm unterhalb der Kante einfüllen. Bis auf eine kleine rundliche Freifläche vorne, die später mit hellem Granulat ausgestreut wird, die gesamte Ebene mit größeren Steinen versehen und dazwischen kleine Fichten, Hauswurz, Kapkörbchen, Moose und Thymian pflanzen. Aus gleichlangen, um die vordere Freifläche herum eingesteckten Astabschnitten mithilfe einer Drahtwicklung einen Naturzaun bauen. Aus weiteren aneinandergeklebten Astabschnitten eine Liege kreieren. Das Wellnessen kann beginnen!

Das brauchen Sie

Hilfsmittel:
• Zinkwanne
• Blähton
• Dränagevlies
• Pflanzerde
• helles Granulat
• grobe Kieselsteine
• Aststücke
• Draht
• Heißkleber

Dekoaccessoires:
• Gartengeräte
• Gießkanne
• Eimer

Pflanzen:
• Hauswurz
• Thymian
• Fichtensetzlinge
• Kapkörbchen
• Moos

GIPFEL-KREUZ

DAS BRAUCHEN SIE

Hilfsmittel:
- Zinkwanne
- Blähton
- Dränagevlies
- Pflanzerde
- große Steine
- dünne Äste
- Kordel
- Steckdraht
- Wickeldraht
- Heißkleber

Pflanzen:
- Walderdbeere
- Fichtensetzlinge
- Pimpernuss-sprössling
- Thymian
- Hauswurz
- Glockenblume
- Farn
- Gräser
- Moos

SO WIRD'S GEMACHT

Man muss genau hinschauen, um auf dem höchsten Felsen das Gipfelkreuz zu erkennen! Zunächst die Zinkwanne zur Hälfte mit Blähton füllen, Dränage-vlies auflegen und Pflanzerde bis 2 cm unterhalb der Kante einfüllen. Dann größere Felssteine senkrecht auf der Fläche errichten und umpflanzen mit kleinen Fichten, Farnen, Hauswurz, Walderd-beere, Gräsern, Moosen, wildem Thymian und anderen Pflanzen aus der Bergwelt. Das Gipfel-kreuz aus zwei Aststücken mithilfe von Wickeldraht formen und auf den Felsen kleben. Für das Gras-tor im vorderen Bereich Heustränge auf einen gebogenen Steckdraht mithilfe von Wickeldraht aufbringen. Freie Erdbereiche mit Steinen und Moos kaschieren. Nun ist das Paradies für Gipfel-stürmer perfekt!

Beim Förster

Das brauchen Sie

Hilfsmittel:
• Weidenkorb
• Folie
• Blähton
• Dränagevlies
• Pflanzerde
• Weidenäste
• Vierkanthölzer

Dekoaccessoires:
• Waldhütte
• Backhaus
• WC-Häuschen

• Figuren
• Werkzeug
• Tongefäße
• Leiter
• Bänke
• Strohbündel

Pflanzen:
• Scheinbeere
• Zuckerhut-Fichten
• Flechte
• Moos

So wird's gemacht

Den Korb komplett mit Folie auskleiden, dann zur Hälfte mit Blähton füllen, Dränagevlies auflegen und Pflanzerde bis 2 cm unterhalb der Kante einfüllen. Die Zuckerhut-Fichten in die hintere Gestaltungsfläche setzen, die Waldkulisse bildend. Davor wird die Waldhütte gestellt, rechts und links Scheinbeere eingepflanzt. Alle freien Flächen mit Moos bedecken. Vorne, am Rand des Korbes findet das Backhaus Platz. Nun Förster und Försterin auf die Bänke setzen sowie Tongefäße und Werkzeug vor der Hütte platzieren. Für die Zaunelemente vier ca. 5 cm lange Vierkanthölzer mit etwas Abstand zueinander einstecken und mit dünnen Weidenästen zusammenflechten. Das Tagewerk für den Förster und seine Frau ist damit geschafft!

TIPP

Die Zuckerhut-Fichte ist eine kleinbleibende, langsam wachsende Art. Sie muss nicht geschnitten werden, um ihre Form zu erhalten.

TIPP

Alternativ lassen sich neben verschiedenen Pflanzen auch andere Möbel z. B. eine kleine Sitzecke, ein Gartentor und ein runder Pavillon in den Minigarten einsetzen. Diese Elemente schaffen sofort eine neue Gartenszene.

DAS BRAUCHEN SIE

Hilfsmittel:
• Metallschale
• Pflanzerde
• Streuschnee
• Schneewatte
• Rindenstücke
• Sonnenblumenkerne
• Bucheckernschalen
• Lärchenzapfen
• Heißkleber

Dekoaccessoires:
• Bank
• Zaun

• Holzkisten
• Vogelhäuschen
• Eichhörnchen
• Gartengeräte mit
  Aufhängung

Pflanzen:
• Weinrebe
• Zwerg-Silber-
  Zypresse
• Chinesischer
  Wacholder
• Spindelstrauch
• Lappenmoos

WINTER-WUNDERLAND

SO WIRD'S GEMACHT

Für beide Ideen gilt, die Schale zuerst mit Pflanzerde bis 1 cm unter dem Rand zu füllen. Dann die aufrecht wachsenden Pflanzen in die hinteren Bereiche, die rankenden Pflanzen seitlich am Rand einsetzen. Nun die Steine platzieren und die Bereiche der Sitzflächen mit Moos belegen. Noch unbedeckte Erdbereiche mit Dekoschnee auffüllen. Dann die Sitzbereiche mit den Stühlen, Tischen, der Rosenlaube und den Zaunelementen gestalten sowie die Holzkisten oder Holzbottiche platzieren. Mit einzelnen Schneewatteflocken oder Granulaten, zwischen den Pflanzen oder auf dem Schalenrand verteilt, ist das Winterwunderland fertig.

DAS BRAUCHEN SIE

Hilfsmittel:
- Metallschale
- Pflanzerde
- Steckdraht
- Schneewatte
- Streuschnee
- Kieselsteine

Dekoaccessoires:
- Pavillon
- Zaun
- Tisch
- Stühle
- Gartentor
- Holzkübel

Pflanzen:
- Spindelstrauch
- Mädchen-Kiefer
- Chinesischer Wacholder
- Kriechende Rebhuhnbeere
- Moos

WINTERWALD

Das brauchen Sie

Hilfsmittel:
- Glasschale
- Folie
- Pflanzerde
- Bucheckernschalen
- Schneewatte
- Streuschnee
- Schneespray
- Heißkleber

Dekoaccessoires:
- Brunnen

- Steinmauern
- Eimer
- Fässer
- Wildschweine
- Füchse

Pflanzen:
- Scheinzypresse
- Säuleneibe
- Spindelstrauch
- Lappenmoos

So wird's gemacht

Für diese Winterszene aus dem Wald zunächst die Glasschale im inneren Randbereich mit einem breiten Wattestreifen belegen. Dann zur Trennung Folie einfügen und die Mitte komplett mit Pflanzerde befüllen. Nun die Pflanzen im hinteren und seitlichen Bereich einsetzen. Vorne die Erde mit Moos abdecken und darauf die Szene mit dem Brunnen und der Wildschweinfamilie positionieren. Ganz vorne die Steinmauer aufbauen und den Holzbottich daraufkleben. Freie Erdstellen mit Schneewatteflocken kaschieren und zum Schluss alles mit Schneespray überziehen. Fertig ist der Winterwald.

TIPP

Ein Gefäß aus Holz eignet sich für dieses Szenario besonders gut, da es das Thema der Mini-Welt noch mal aufgreift.

HOLZFÄLLER-IDYLLE

SO WIRD'S GEMACHT

Ein Holzfäller-Garten wird geschaffen. Zunächst die Schale mit Folie auskleiden und bis 1 cm unter den Rand mit Pflanzerde befüllen. Nun die Pflanzen gruppiert einsetzen, im seitlich hinteren Bereich die höheren, vorne die niedrigeren. Die noch freie Erdfläche mit Moos bedecken. Einen dicken Ast wie einen großen Baumstamm quer auf die Schale legen, an einigen Stellen Schneewatte positionieren, davor die kleine Szene mit dem Holzfäller, der Bank und seinen Werkzeugen arrangieren. Zwischen den Pflanzen zwei Äste einstecken und jeweils eine Eule aufkleben. Die Pflanzen leicht mit Schneespray winterlich überhauchen und im hinteren Bereich noch künstliche Schneeruskustriebe einstecken.

DAS BRAUCHEN SIE

Hilfsmittel:
• Holzschale
• Folie
• Pflanzerde
• trockene Kiefernzweige
• Schneewatte
• Streuschnee
• Schneespray
• Heißkleber

• Schneeruskus
• Holzeimer
• Eulen
• Holzfäller-Accessoires
• Äste

Dekoaccessoires:
• Holzpflöcke
• Holzfällerfigur

Pflanzen:
• Eibe
• Weiß-Fichte
• Japanischer Spindelstrauch
• Lappenmoos

TIPP

Die Schneewatte eignet sich bei Glasgefäßen besonders toll, da sie den winterlichen Look abrundet und die dunkle Erde verdeckt.

WINTER-FUTTERSTELLE

Das brauchen Sie

Hilfsmittel:
- Glasschale
- Folie
- Pflanzerde
- Zapfen
- Streuschnee
- Schneespray
- Schneewatte
- Weidenäste
- Vierkanthölzer

Dekoaccessoires:
- Hirsche
- Fasane
- Füchse
- Futterkrippe
- Körbe mit Heu

Pflanzen:
- Scheinzypresse
- Lebensbaum
- Kisseneibe
- Kriechende Rebhuhnbeere
- Mädchen-Kiefer
- Lappenmoos

So wird's gemacht

Die Glasschale im inneren Randbereich mit einem breiten Schneewattestreifen belegen, Folie zwischenlegen und die Mitte komplett mit Pflanzerde befüllen. Hier die Pflanzen einsetzen. Die gesamte Erdfläche mit Schneestreu bedecken. In der Mitte ein Moospolster platzieren, die Futterstelle und die Tiere darauf positionieren, im hinteren und seitlichen Bereich mit Eisspray befrostete Zapfen aufstellen. Im vorderen Bereich vier ca. 5 cm lange Vierkanthölzchen mit Abstand zueinander einstecken und mit dünnen Weidenästen einen Zaun flechten. vereinzelt noch Flöckchen der Schneewatte einbringen und die Pflanzen leicht mit Schneespray dem winterlichen Szenario anpassen.

EISZEIT

DAS BRAUCHEN SIE

Hilfsmittel:
- Holztablett
- Folie
- Pflanzerde
- Streuschnee
- Schneespray
- Schneewatte

- Tonziegel
- Fasane
- Eulen
- Schubkarre

Dekoaccessoires:
- Steintorbogen
- Steinmauern
- Tongefäße

Pflanzen:
- Muschel-Zypresse
- Hebe
- Kriechende Rebhuhnbeere
- Scheinzypresse
- Lappenmoos

SO WIRD'S GEMACHT

Das Holztablett zuerst komplett mit Folie auskleiden und mit Pflanzerde befüllen. In die Mitte des Gärtchens den Steintorbogen setzen und drumherum Tongefäße und Dachziegel aufschütten. Eine Schubkarre mit einem Tonkrug beladen und einfügen. Auf den Torbogen zwei Eulen setzen. Nun die Gartenszene durch Steinmauern einrahmen und durch verschiedene Pflanzen wie Kriechende Rebhuhnbeere, Hebe und Muschel-Zypresse sowie Lappenmoos abrunden. Schneespray verleiht ihnen den winterlichen Look. Schneewatte und Streuschnee bedecken die dunkle Erde.

Haus im Grünen

Das brauchen Sie

Hilfsmittel:
- Keramikgefäße
- Holztablett
- Pflanzerde
- Holzstücke
- Aststücke
- Steine
- Heißkleber

Dekoaccessoires:
- Haus

Pflanzen:
- Bärenfußfarn
- Moos

So wird's gemacht

Das kleine Gefäß mit Pflanzerde befüllen und komplett mit einem Mooshügel versehen. Nun aus Holzstücken mit Heißkleber eine Bank zusammenfügen und auf den Hügel setzen. Eingerahmt wird sie durch Steine, die zu einer Mauer verklebt werden. Ein gerades Aststück durch versetzt aufgeklebte Steine zu einer Leiter formen und ans Gefäß lehnen. Das größere Gefäß ebenfalls mit Pflanzerde befüllen und mit Bärenfußfarn bepflanzen. Auf die behaarten Rhizome zwischen die Wedel des Farns das Haus stellen. Schließlich die Keramikgefäße auf ein Holztablett stellen und einige Steine aufstreuen.

TIPP

Mithilfe des Tabletts lässt sich der Minigarten überall im eigenen Zuhause platzieren. Ein besonderer Hingucker ist er aber vor allem als Tischdekoration.

Den Vogelkäfig aus 1 mm dickem Steckdraht mithilfe einer Spitzkombizange
biegen. Mithilfe von dünnerem Bindedraht die einzelnen Verstrebungen
fixieren und an einem mit Haken ver-
sehenen Steckdraht befestigen. Als
Käfigboden eine passend geschnittene
Pappscheibe fixieren.

VOGELFREI

DAS BRAUCHEN SIE

Hilfsmittel:
- Keramikschale
- Pflanzerde
- Bruchsteine
- Pappe
- Steckdraht
- Bindedraht
- Zahnstocher
- Heißkleber

Pflanzen:
- Aloe
- Echeverien
- Röhrenblütiges Brutblatt
- Moos

SO WIRD'S GEMACHT

Die Keramikschale mit Pflanzerde befüllen. Brutblatt in den hinteren Bereich pflanzen, sodass dies die höchste Pflanze im Gärtchen darstellt. Rechts daneben die Aloe einsetzen. Den Boden mit Moos bedecken, das allerdings von Zeit zu Zeit ausgetauscht werden muss, da ihm die für Sukkulenten richtige, geringe Gießwassermenge nicht ausreicht. In den vorderen Teil des Gärtchens zwei Echeverien nebeneinander positionieren. Nun Bruchsteinchen ergänzen. Aus Pappe anschließend einen Vogel schneiden und mit zwei Drahtfüßchen versehen. Ebenso einen runden Kreis von 1,5 cm Durchmesser als Tischplatte ausschneiden und einen geknickten Pappstreifen als Tischbeine ankleben. Die Liege aus einem 6 x 2 cm großen Stück Pappe fertigen und entsprechend knicken. In die Rückenlehne und die Sitzfläche seitlich jeweils zwei kurze Schlitze schneiden und hier einen 5 mm breiten ca. 8 cm langen Streifen Pappe, der zu einem Quadrat gefaltet und zusammengeklebt ist, als Armlehnen inklusive Fuß einstecken.

KLEINE AUSZEIT

DAS BRAUCHEN SIE

Hilfsmittel:
- Keramikgefäß
- Pflanzerde
- Birkenrinde
- Draht
- Kordel
- Papier
- aus einer Illustrierten ausgeschnittenes Personenbild
- Heißkleber

Pflanzen:
- Wüstenrosen

SO WIRD'S GEMACHT

Die Gefäße mit Pflanzerde befüllen und jeweils eine Wüstenrose einpflanzen. Aus Birkenrinde schmale Streifen in gleicher Größe ausschneiden. Diese mit Heißkleber auf zwei parallele Drähte kleben. Nun die Enden der Drähte zu Schlaufen biegen. Um die Wüstenrosen Kordel spannen, sodass die Figur später ein Geländer hat und die Hängematte eingehängt werden kann. Dann die Figur aus einer Illustrierten ausschneiden und auf die Brücke stellen.

TIPP

Schön sieht die Idee auch aus,
wenn mehrere Personenbilder aus
Illustrierten ausgeschnitten und
silhouettenartig auf die Brücke
gestellt werden.

TIPP

Wer es lieber etwas farbenfroher mag, streicht die Häuser mit bunter Abtönfarbe an. So wird das Gärtchen noch mehr zum Hingucker.

HOCH HINAUS

DAS BRAUCHEN SIE

Hilfsmittel:
- Keramikgefäß
- Pflanzerde
- alte Dachlatte
- Steckdraht
- Wickeldraht
- Fotos von Fenstern mit Fensterläden
- Äste
- Holzleim
- Heißkleber

Pflanzen:
- Filzpflanze
- Moos

SO WIRD'S GEMACHT

Für die selbstgemachten Häuser eine alte Dachlatte in drei etwa 4 cm lange, hausförmige Stücke sägen. Mit einem Holzbohrer jeweils vier Löcher in die Häuserböden bohren und pro Haus gleichlange Steckdrähte einführen. Nun die aus Fotos ausgeschnittenen Fenster an die Häuser kleben. Das Gefäß mit Pflanzerde befüllen, die Filzpflanze einstellen und den Boden mit Moos abdecken. Jetzt die Häuser höhenversetzt in dem Kübel anordnen. Anschließend eine Leiter aus Steckdraht und Wickeldraht basteln, die so lang ist, dass sie vom Aufstellplatz bis an den Gefäßrand reicht, hier ggf. festkleben oder einhaken.

BAUMHAUS-PARADIES

DAS BRAUCHEN SIE

Hilfsmittel:
- Keramikgefäß
- Pflanzerde
- Schreibkarton
- feste Pappe
- Holzspieße
- Kordel

- Äste
- Heißkleber

Pflanzen:
- Zwergpfeffer
- Moos

SO WIRD'S GEMACHT

Die Blüten und das Haus aus blauem Schreibkarton ausschneiden. Ein Stück festere Pappe dient dem Haus als Untergrund und wird darauf mittels einer Pappkrampe fixiert. Nun die Pflanzerde in das Keramikgefäß geben und den Zwergpfeffer einpflanzen. Einen verzweigten Ast hinzustecken. Die Zwischenräume mit Moos bedecken. Die Blüten auf Holzspieße schieben und in das Gefäß setzen. Das Häuschen an der Astgabel festkleben. Für den Kletterstrick am Baumhaus eine ca. 30 cm lange Kordel mit vielen Knoten versehen und am Pappboden des Häuschens mit Heißkleber befestigen.

TIPP

Blüten aus verschiedenen bunten Papieren lassen den Frühling noch deutlicher in den Garten einziehen.

STADT-GARTEN

DAS BRAUCHEN SIE

Hilfsmittel:
• Keramikgefäß
• Pflanzerde
• bedrucktes Zeitungspapier
• Holzspieße
• Heißkleber
• Zahnstocher

Pflanzen:
• Felsendickblatt
• Moos

SO WIRD'S GEMACHT

Das Gefäß mit Pflanzerde befüllen und das Felsendickblatt einsetzen. Aus bedrucktem Papier ein Auto und zwei unterschiedlich große Häuser ausschneiden. Jeweils mit Heißkleber auf einen Holzspieß kleben und in die Pflanze stecken. Dann Zahnstocherstücke gleichmäßig im Abstand von 1 cm auf einen ca. 5 mm schmalen Streifen bedrucktes Papier kleben und diesen Zaun im vorderen Bereich einsetzen. Aus einem ca. 1,5 cm breiten und ca. 20 cm langen Papierstreifen durch mehrmaliges Falten eine Leiter formen und diese an das Gefäß lehnen und dort festkleben. Schön wird's, wenn die Drucktexte auf den Papieraccessoires entsprechend ausgesucht sind.

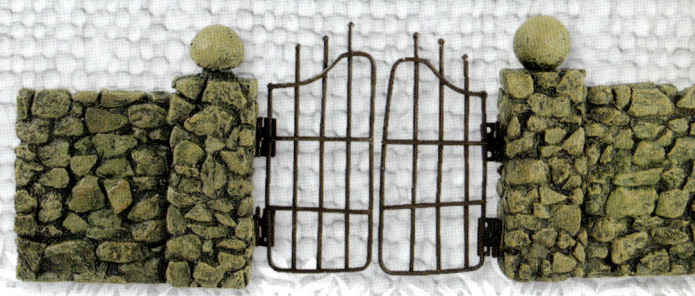

HISTORISCHER STADTKERN

DAS BRAUCHEN SIE

Hilfsmittel:
- Keramikgefäß
- Pflanzerde
- Bilder von alten Häusern
- Holzspieße
- Heißkleber

Pflanzen:
- Bubikopf

SO WIRD'S GEMACHT

Die Bilder der Häuser in 3D-Anmutung ausschneiden und auf Holzspieße kleben. In das Gefäß Pflanzerde einfüllen und den Bubikopf einpflanzen. Die Häuser so einstecken, dass die Holzspieße nicht mehr zu sehen sind und es so scheint, als würde der Bubikopf den Garten der Häuser darstellen.

TIPP

Um den Bubikopf lange zu erhalten, sollte darauf geachtet werden, dass er nicht zu warm steht, also nicht über einem Heizkörper. Er gedeiht am besten bei Temperaturen um 15 °C im Sommer und um 10 °C im Winter.

SCHWUNG-VOLLE AUSZEIT

So wird's gemacht

Pflanzerde in das Gefäß füllen und den Jade-strauch einpflanzen. Zwei 20 cm lange Steckdräh-te in der Mitte umbiegen und an einen Trieb in der Pflanze hängen. Ein ca. 2,5 cm langes und 1 cm breites Stück Birkenrinde mit vier Löchern in den Ecken auf die Drahtenden stecken und diese zu Ösen umbiegen. Bilder einer sitzenden Person und eines Vogels aus einer Illustrierten oder aus Fotos ausschneiden. Das Vogelbild auf einen Zahn-stocher kleben und in die Schale stecken, das Motiv der Person auf die Schaukel kleben.

Das brauchen Sie

Hilfsmittel:
- Keramikgefäß
- Pflanzerde
- Birkenrindenstück
- Steckdraht
- Zahnstocher
- Vogelbild
- Foto einer Person in passender Sitzposition
- Heißkleber

Pflanzen:
- Jadestrauch

TIPP

Individuell anpassen lässt sich der XXS-Garten mit einem persönlichen Bild und eignet sich dadurch auch perfekt als Geschenk.

TEATIME

SO WIRD'S GEMACHT

Das Gefäß mit Pflanzerde befüllen und den Bonsai einpflanzen. Die Erde mit großen Steinen und Moos bedecken, sodass eine hügelige Landschaft entsteht. In eine ca. 1 cm dicke Birkenastscheibe von einer Seite vier Löcher bohren und vier ca. 5 cm lange Steckdrähte einstecken, sodass ein Tisch entsteht. In die andere Scheibe oben zwei, unten vier Löcher bohren. Vier ca. 3 cm lange Steckdrähte als Stuhlbeine befestigen. Einen ca. 10 cm langen Steckdraht zum Bogen biegen und oben als Lehne einstecken. Aus Illustrierten Bildern von Geschirr ausschneiden und dieses auf den Birkentisch kleben. Den Tisch und den Stuhl in das Moos stecken.

DAS BRAUCHEN SIE

Hilfsmittel:
• Keramikgefäß
• Pflanzerde
• Steine
• Bilder von Geschirr
• Steckdraht
• Birkenastscheiben
• Heißkleber

Pflanzen:
• Vorhang-Feigen-Bonsai
• Moos

TIPP

Nicht immer muss es ein tiefer Kübel
sein, in den der Minigarten gepflanzt
wird. Auch eine flache Schale lässt sich
im Nu in eine Gartenszene verwandeln,
wenn die Wurzelballen der Pflanzen
flach genug sind.

ASIATISCHER GARTEN

DAS BRAUCHEN SIE

Hilfsmittel:
• Schale
• Pflanzerde
• helles Granulat

Dekoaccessoires:
• Buddha-
  Zimmerbrunnen

Pflanzen:
• Vorhang-
  Feigen-Bonsais
• Zwergpfeffer
• Blaublättrige
  Kanonierblume
• Moos

SO WIRD'S GEMACHT

Die Schale mit Pflanzerde befüllen. Die Pflanzen verteilt einsetzen. Zwischen den Gewächsen einzelne Moospolster platzieren. Die übrigen Freiflächen mit hellem Granulat abdecken. Den Buddhabrunnen zwischen den Pflanzen platzieren. Fertig ist die asiatische Oase!

TIPP

Am einheitlichsten wirkt der Garten, wenn alle Pflanzen und Accessoires in Grau-Grüntönen gehalten werden.

KATZEN-SPIELPLATZ

DAS BRAUCHEN SIE

Hilfsmittel:
- Kuchenform
- Folie
- Pflanzerde
- Steine
- Steinplatte
- dunkles Granulat

Dekoaccessoires:
- Katzen
- Bank
- Zaunelemente

Pflanzen:
- Tiger-Aloe
- Echte Aloe
- Fetthenne
- Zickzackstrauch

SO WIRD'S GEMACHT

Die Kuchenform mit Folie auskleiden und mit Pflanzerde befüllen. Die Pflanzen gruppiert in der rechten und linken Ecke einsetzen und die verbleibende freie Fläche mit Granulat bedecken. Einige gröbere Steine verteilen. Auf die linke Seite der Kuchenform eine Steinplatte legen und die Bank daraufstellen. Begrenzt wird die linke Seite mit einem weißen Zaun. Auf der Bank und im Garten die Katzfiguren verteilen.

BERGHÜTTEN

Das brauchen Sie

Hilfsmittel:
- Baumstamm
- Steingefäß
- Pflanzerde
- Äste
- Holzscheiben
- Wickeldraht
- Heißkleber

Dekoaccessoires:
- Häuser
- Hirschfamilie

Pflanzen:
- Efeu

So wird's gemacht

Einen ca. 30 cm hohen und 20 cm Durchmesser aufweisenden Baumstamm von oben in der Größe des Efeuwurzelballens aushöhlen und die Pflanze einsetzen. Die Berghütte einfügen. Das eiförmige Steingefäß mit Pflanzerde füllen und den Efeu einpflanzen. Ebenso ein Haus aufsetzen. Nun eine Brücke fertigen, indem ca. 16 bis 20 Holzscheiben jeweils versetzt aneinandergeklebt, als Verbindung vom Gefäß zum Baumstamm positioniert und hier mit Heißkleber fixiert werden. Für die Strickleiter ca. zehn jeweils 4 cm lange Aststückchen durch Umschlingung mit Wickeldraht an den Enden miteinander mit etwas Abstand verbinden und Strickleiter am Gefäß fixieren. Zum Schluss die Hirschfamilie ergänzen.

TIPP

Durch die Verwendung eines Gefäßes in Steinoptik wird der Stil einer Berghütte perfekt untermalt. Solche Gefäße sind in verschiedenen Formen und Ausführungen erhältlich.

TIPP

Natürlich kann zum Verzieren des Glases auch anderes Band verwendet weden. Zartes Spitzenband ist hier zum Beispiel eine schöne Alternative.

ZUR HOCHZEIT

SO WIRD'S GEMACHT

Das Glas 5 cm hoch mit Pflanzerde befüllen und die Pflanzen einsetzen. Die Erde mit feinem und grobem Granulat bedecken. Nun das Brautpaar im Glas arrangieren und den Torbogen darüber setzen. Damit die Erde nicht mehr sichtbar ist, ein breites, weißes Schleifenband um den unteren Teil des Gefäßes legen und mit Heißkleber befestigen. Auf dem weißen Band weitere Bänder anbringen und festkleben. Das perfekte Hochzeitsgeschenk!

DAS BRAUCHEN SIE

Hilfsmittel:
• Glaszylinder
• Pflanzerde
• verschiedenes Schleifenband
• weißes Granulat
• weiße Kieselsteine
• Heißkleber

Dekoaccessoires:
• Brautpaar
• Torbogen

Pflanzen:
• Flammendes Käthchen
• Fiederaralie

HINWEIS

Hier wurden aus optischen Gründen Pflanzen miteinander kombiniert, deren Pflegeansprüche voneinander abweichen. Vor allem Wasser- und Lichtbedarf sind verschieden. Daher sollte das Aufstellen des Gärtchens so erfolgen, dass die Sukkulenten der Lichtquelle zugewandt sind. Das Gärtchen nur an den Stellen gießen, wo die Pflanzen mit höherem Wasserbedarf eingepflanzt sind, denn das Wasser zieht aufgrund der Kapillarwirkung im Erdbereich ohnehin in ausreichender Menge auch zu den Sukkulenten.

ZUM KAFFEE

SO WIRD'S GEMACHT

Die Backform mit Abtönfarbe anstreichen, mit Folie auskleiden, dann ca. 2 cm hoch Blähton einfüllen und Dränagevlies auflegen. Pflanzerde in die Form füllen. Die Blumen einpflanzen und die Erde mit Moos abdecken. Die Hollywoodschaukel vor die Pflanzen setzen. Tisch und Stuhl davor arrangieren und mit Minikaffeetasse und einem Eichhörnchen dekorieren. Neben das Usambaraveilchen ein Vogelhäuschen stecken. Zum Schluss ein Stück rosiges Schleifenband als Sitzkissen auf die Schaukel legen. Umgeben von tollen Blumen lässt sich der Sonntagskaffee mit Torte besonders gut genießen.

DAS BRAUCHEN SIE

Hilfsmittel:
- Backform
- Abtönfarbe
- Folie
- Blähton
- Dränagevlies
- Pflanzerde
- Schleifenband

Dekoaccessoires:
- Stuhl
- Tisch
- Zaunelemente
- Hollywoodschaukel
- Eichhörnchen
- Vogelkäfig
- Geschirr

Pflanzen:
- Flammendes Käthchen
- Weihnachtskaktus
- Usambaraveilchen
- Moos

FÜR TRÄUMER

Das brauchen Sie

Hilfsmittel:
- Pflanzerde
- Stein
- Steckdraht
- Heißkleber

Pflanzen:
- Zwergpfeffer
- Geldbaum-
  Sorten
- Moos

Dekoaccessoires:
- Elfen
- Haus
- Pilze

So wird's gemacht

Pflanzerde in das Gefäß füllen und so formen, dass ein Hügel entsteht. Die Pflanzen links und rechts des Hügels einsetzen. In der Mitte das Haus platzieren und mit Draht in der Erde fixieren. Den Rest der Erde mit Moos bedecken. Die Pilze mit Draht versehen und im Gärtchen arrangieren. Den Stein vor das Haus legen und die Elfe daraufkleben. Die zweite Figur auf den Rand des Gefäßes setzen und ebenfalls festkleben.

TIPP

Keramikgefäße eignen sich für ländliche Gartenszenen sehr gut. Unglasierte, offenporige Gefäße haben den Vorteil, dass ein guter Luftaustausch im Erdreich möglich und Staunässe so vermieden wird. In diesem Fall einen Untersetzer verwenden, um die Standfläche vor Feuchtigkeit zu schützen.

FÜR MÄRCHEN-FREUNDE

SO WIRD'S GEMACHT

Pflanzerde in das Keramikgefäß füllen und zu einem kleinen Hügel formen. Links und rechts vom Mini-Berg die Farne einpflanzen. Dabei die Mitte frei-lassen. Die Erde mit Moos bedecken. In die Mitte des Gärtchens das Pilzhaus setzen. Die Pilze mit Draht versehen und drei davon an der vorderen Kante des Gefäßes einstecken. Den anderen Pilz auf die linke Seite des Gärtchens setzen. Um einen Weg zum Elfenhäuschen zu erstellen, werden kleine Stücke von Birkenrinde mit Draht versehen und in das Moos gesteckt. Die Elfe mit Heißkleber auf den Rand des Gefäßes kleben.

DAS BRAUCHEN SIE

Hilfsmittel:
• Keramikgefäß
• Pflanzerde
• Rinde
• Steckdraht
• Birkenrinde
• Heißkleber

Dekoaccessoires:
• Pilze
• Pilzhaus

• Hase
• Elfen

Pflanzen:
• Bärenfußfarn
• Geweihfarn
• Saumfarn
• Moos

VOM HELFER-KOBOLD

DAS BRAUCHEN SIE

Hilfsmittel:
- Keramikgefäß
- Blähton
- Dränagevlies
- Pflanzerde
- Draht
- Heißkleber
- große Steine

Dekoaccessoires:
- Koboldhäuschen
- Kobolde

- Leiter
- Weinflasche im Korb

Pflanzen:
- Mühlenbeckie
- Saumfarn-Arten
- Tillandsie
- Moos

SO WIRD'S GEMACHT

Das Gefäß zur Hälfte mit Blähton füllen, Drainage-vlies auflegen und mit Pflanzerde auffüllen, so dass ein über den Rand ragender Hügel entsteht. Am linken und rechten Rand die Pflanzen anordnen. Aus den großen Kieselsteinen einen Weg zum Hügel gestalten. Das Koboldhaus auf den Hügel setzen und andrücken. Noch freie Erdflächen mit Moos kaschieren. Eine Leiter gegen das Haus lehnen. Zum Schluss die zwei Kobolde mit etwas Abstand zueinander auf den Weg setzen und gegebenenfalls mit Heißkleber befestigen.

HINWEIS

Pflanzungen, die so hoch aufgewölbt gestaltet sind, darf man nur vorsichtig und langsam gießen, damit das Wasser versickern kann, bevor es über den Schalenrand fließt.

Zur Geburt eines Jungen

Das brauchen Sie

Hilfsmittel:
- Schale
- Pflanzerde
- flache Steine
- Band
- Papier
- Stoff
- Heißkleber
- Handtücher
- farbige Holzstäbe

Dekoaccessoires:
- Dreirad
- Babypüppchen

Pflanzen:
- Silbernetzblatt
- Alpenveilchen
- Bubikopf
- Moos

So wird's gemacht

Die Schale mit Pflanzerde füllen. In den hinteren Bereich des Gärtchens den Bubikopf, das Alpenveilchen und das Silbernetzblatt pflanzen. Den Rest der Erde mit Moos bedecken und Steine darauflegen. Anschließend drei Fähnchen aus kariertem Stoff ausschneiden und an die Stäbe kleben. Diese in das Gärtchen stecken. Das Dekodreirad mit einem kleinen Tuch aus zurecht geschnittenem Stoff in Blauweiß verzieren. Das Püppchen hineinsetzen. Aus Papier ein Herz ausschneiden. Die Schale mit einem Handtuch verdecken und dieses mit Band, an dem das Herz angebunden ist, festbinden.

Zur Geburt eines Mädchens

Das brauchen Sie

Hilfsmittel:
- Schale
- Pflanzerde
- flache Steine
- Band
- Filz
- Waschhandschuhe

- Babypüppchen
- Sonnenschirm

Pflanzen:
- Silbernetzblatt
- Alpenveilchen
- Bubikopf
- Moos

Dekoaccessoires:
- Schubkarre

So wird's gemacht

Die Schale mit Pflanzerde füllen. In den hinteren Bereich des Minigartens Bubikopf, Silbernetz-blatt und Alpenveilchen pflanzen. Dabei machen sich rötliche Silbernetzblätter durch ihre Farbge-bung passend zum Schenkanlass besonders gut. Die Erde mit Moos bedecken und kleine Stein-platten drauflegen. Um die Schale zu verdecken, pinkfarbene Waschhandschuhe mit Schleifen-band daran befestigen. Nun die Schubkarre mit einem kleinen Stück rosa Filz verzieren und auf die Steine stellen. Das Püppchen in die Schubkarre setzen und den Sonnenschirm platzieren.

FÜR RENTNER-FREUDEN

DAS BRAUCHEN SIE

Hilfsmittel:
- Zinkwanne
- Pflanzerde

Dekoaccessoires:
- Ehepaar
- Bank
- Hund
- Leiter

Pflanzen:
- Myrtenbaum
- Colorado-Fetthenne
- Sternmoos

SO WIRD'S GEMACHT

Die Zinkwanne mit Pflanzerde füllen. Den Myrtenbaum in den hinteren Teil des Gärtchens pflanzen. Drumherum die Fetthenne setzen. Den restlichen Teil der Erde mit Sternmoos bedecken, sodass es wie Wiesengras wirkt. Auf diese Wiese die Bank stellen und das alte Pärchen mit Hund daraufsetzen. Zum Schluss noch die Leiter an das Bäumchen lehnen.

119

FÜR TIER-FREUNDE

DAS BRAUCHEN SIE

Hilfsmittel:
- Zinkschale
- Pflanzerde
- Steine
- Granulat
- Holzstäbe
- Holzstücke
- Holzspäne
- Wickeldraht

Dekoaccessoires:
- Gänse
- Hühner
- Hund
- Schweine
- Schafe
- Stall
- Brunnen
- Holzeimer
- Zaunelemente
- Tongefäße
- Holzhackerfigur

Pflanzen:
- Hauswurz
- Vorhang-Feigen-Bonsais
- Ovales Dickblatt
- Saumfarn

SO WIRD'S GEMACHT

Pflanzerde bis 1 cm unter den Rand in die Schale füllen und die großen Pflanzen im hinteren Teil, die kleineren gruppiert vorne einsetzen. Steine und Holzspäne auf der Pflanzfläche verteilen. Die Tiere und die Tränke in dem Gärtchen aufstellen. Den Stall neben den großen Vorhang-Feigen-Bonsai setzen. Aus Holzstücken mit Wickeldraht einen Zaun erstellen und damit die Schweine einpferchen. Steine zwischen den Tieren geben der Gestaltungsfläche Struktur.

HINWEIS

Hier wurden aus optischen Gründen Pflanzen miteinander kombiniert, deren Pflegeansprüche voneinander abweichen. Vor allem Wasser- und Lichtbedarf sind verschieden. Daher sollte das Aufstellen des Gärtchens so erfolgen, dass die Sukkulenten der Lichtquelle zugewandt sind. Das Gärtchen nur an den Stellen gießen, wo die Pflanzen mit höherem Wasserbedarf eingepflanzt sind, denn das Wasser zieht aufgrund der Kapillarwirkung im Erdbereich ohnehin in ausreichender Menge auch zu den Sukkulenten.

MÄRCHENHAFTE WELTEN

Fantasievoll wird es mit Figuren von Feen, Elfen und Kobolden. Sie wohnen in Baumhäusern, urigen Hütten oder in Pilzen. Mit rankenden oder an den Märchenwald erinnernden Pflanzen kombiniert, entstehen ganz verwunschene Orte. Die Tiere des Waldes gesellen sich hinzu. Alles in allem entsteht eine heil wirkende, idealisierte Welt mit Raum für Träume, Hoffnungen und Wünsche. Ein wenig romantisch, mit einem Hauch von Kitsch – genau das macht die Märchenwelt so liebenswert-charmant!

LÄNDLICHE IDYLLE

Wer träumt sich nicht gerne auf eine frisch duftende Frühlings-
wiese? Mit dem Hirten, seinen Schafen oder dem Bauern und
seinem Federvieh wähnt man sich schnell in einer ländlichen
Idylle. Dekoelemente wie der Leiterwagen, das Bienenhaus,
der Hühner- oder Kaninchenstall, der rustikale Brunnen oder
die kleine Kirche lassen schnell dörfliches Leben in frischer
Natur als XSS-Welt ganz authentisch erscheinen. Ein Hauch
von Sehnsucht schwingt mit nach scheinbar vergangenen
Zeiten und abgelegenen Landschaften!

FREMDE OASEN

Palmen, exotische Sukkulenten und Kakteen lassen an fremde Welten denken. Kommen Kamel und Wasserflasche, Beduinenzelt und Wasserbrunnen hinzu, ist schnell die Wüstenoase inszeniert zu der auch Sand und Granulate gehören. Ob, wie hier, die Sahara oder eine mit antiken Säulenformen verzierte Griechenlandszene oder Lanzarote en miniature – jeder schafft sich sein ganz eigenes Urlaubsziel für die Fensterbank.

MODERNES AMBIENTE

Asiatisches Flair zieht durch ruhige, reduzierte Gestaltungen und Accessoires in die Minigärtchen ein. Schlichte Dekoelemente wie Liegen, Bänke und Brunnen mit Buddahfiguren unterstreichen den Charakter und laden ein, die Seele baumeln zu lassen. Granulate und Steine holen, wie in einem Zen-Garten, den fernen Osten in die XXS-Welten. Genau richtig für alle, die reduzierte aber dennoch liebevoll und raffiniert gestaltete Miniaturgärten lieben!

IMPRESSUM

HERAUSGEBER
BLOOM's GmbH, Ratingen (D)

KONZEPTION
Hella Henckel, Evelyn Schinckel

CHEFREDAKTION
Hella Henckel

TEXT
Evelyn Schinckel

GRAFIK DESIGN
Adriani Schmidt

DTP
Britta Baschen

FOTOS
Patrick Pantze Images GmbH, Lage (D), Hella Henckel, Lada Scheuerer,
Fotolia-Hintergründe: binik (Cover, 002–009, 020–035, 122–128),
vulcanus (010–019, 050–071), Pakhnyushochyy (036–049),
Brad Pict (072–081), LeitnerR (082–121),
Fotolia-Vektorgrafiken: Candy9, Credit ntnt, Konovalov Pavel, lakalla,
.m.i.g.u.e.l., Mr_Vector, m_yulia, Oksana, paunovic, sabri deniz kizil

DRUCK
D+L Printpartner GmbH, Bocholt (D)

FLORALE GESTALTUNG

Franziska Brigl	052–053
Franziska Clénin	064–065
Dany Eschenbüscher	010–019, 040–045, 070–071, 082–101, 104–105, 108–109, 116–117, 120–121
Martin Füllemann	056–057
Ursula Koch	062–063
Sabine Kreiselmeier	066–067
Viola Nikić	036–039, 046–047, 072–081, 106–107, 110–115, 118–119
Andrea Rothe	036–039, 044–047, 102–103, 106–107, 110–113, 118–121
Lada Scheuerer	024–025, 034–035, 048–049
Annemarie Schmid	058–059
Oliver Schulz	050–051, 054–055
Michael Sutmöller	036–039, 046–047, 106–107, 114–115, 118–119
Silke Weiss	068–069
Ramona Weyand	060–061
Caroline Wübbels	020–023, 026–033

DANKSAGUNG

Wir danken „1000 gute Gründe" für die vielen zur Verfügung gestellten Pflanzen für unsere XXS-Kreationen.

Wir danken dekoprojekt Scheuerer, durch deren Figuren, Accessoires und Granulate, wir die kleinen Gärten zu geheimnisvollem Leben erwecken konnten. (www.dekoprojekt.de)

© BLOOM's GmbH
Am Potekamp 6 | D-40885 Ratingen
T +49 2102 9644-0 | F +49 2102 896073
info@blooms.de | www.blooms.de
1. Auflage 2017
ISBN 978-3-945429-67-9